Explora nuevas ideas.

Bie... T... lectura y escritura

Lee una y otra vez literatura hermosa y textos informativos.

Aprende a escribir mejor.

Aplica lo que has aprendido para descubrir las Maravillas de la lectura.

¡Conéctate! www.connected.mcgraw-hill.com
Explora tu taller interactivo de lectura y escritura.

Mc
Graw
Hill
Education

Bothell, WA • Chicago, IL • Columbus, OH • New York, NY

Cover and Title pages: Nathan Love

www.mheonline.com/lecturamaravillas

Send all inquiries to:
McGraw-Hill Education
Two Penn Plaza
New York, New York 10121

ISBN: 978-0-02-125821-5
MHID: 0-02-125821-X

Printed in the United States of America.

3 4 5 6 7 8 9 DOW 18 17 16 15

A

McGraw-Hill Lectura

Maravillas

CCSS **Lectura / Artes del lenguaje**

Autores

Jana Echevarria   Gilberto D. Soto

Teresa Mlawer   Josefina V. Tinajero

Mc Graw Hill Education

Bothell, WA • Chicago, IL • Columbus, OH • New York, NY

Unidad 3

Cambios con el paso del tiempo

La gran idea

(b) Dan Andreasen

¡Conéctate! Las lecciones están en www.connected.mcgraw-hill.com.

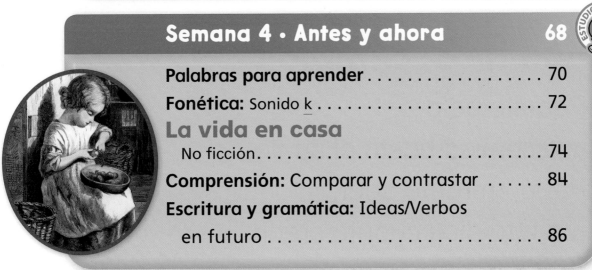
5

Cambios con el paso del tiempo

Cambios, cambios

Poquito pelo
y la camisa hasta el suelo.
Papá, mírame aquí...
¡La foto dice cuánto crecí!
¡Qué bueno, qué tal!
¡Arriba, rra, rra!
A tu altura prontito
voy a llegar
y entonces tu camisa
me va quedar.

Yolanda Blanco

Steven Mach

La gran idea

¿Qué sucede a
medida que pasa
el tiempo?

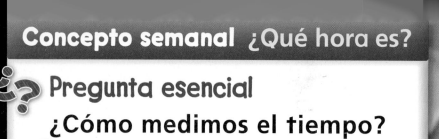

Pregunta esencial

¿Cómo medimos el tiempo?

¡Conéctate!

Coméntalo

¿Qué están aprendiendo a hacer estos niños?

Todo sobre el tiempo

cerca

En pocos minutos estaremos **cerca** de mi casa.

cuando

Cuando vamos al mar nos divertimos.

después

Después de comer, lavaremos todo.

hoy

Hoy es mi cumpleaños.

pronto

Pronto serán las cinco.

vez

Viajan al Sur una **vez** por año.

COLABORA

Tu turno

Di la oración para cada palabra. Luego, haz otra oración.

¡Conéctate! *Usa el glosario digital ilustrado.*

Sonido rr

Las palabras **rápido** y **perro** tienen el sonido rr. Con este sonido podemos formar las sílabas ra-, re-, ri-, ro-, ru- y las sílabas rra, rre, rri, rro, rru.

Estas palabras tienen el sonido rr.

rama	**torre**	**ramo**
ruta	**rima**	**barril**
remo	**barro**	**rabo**

Luis Domínguez

Por la mañana, Renata pasea al perro por el río.

Por la tarde, hace ramos de rosas rojas.

Tu turno

Busca estas palabras con el sonido rr en "¡Arriba, Ramona!".

arriba	ratona	remolona
aferra	ropa	rebanada
rábanos	rosa	revista

Género Fantasía

¿Cómo medimos el tiempo?

Lee acerca de una ratoncita que pasa mucho tiempo durmiendo.

 ¡Conéctate!

Luis Domínguez

14

¡ARRIBA, RAMONA!

Luciano Bello

La ratona Ramona es muy remolona.

Por la mañana se aferra a la cama.

Rara **vez** se levanta antes de la una.

¡A Ramona le gusta tanto dormir!

17

A Ramona le gusta su suave ropa
de dormir. **Cuando** sale de la
cama, se pasea en camisón.

18

Desayuna una rebanada de pan,
bananas y rábanos rosa.

Cuando desayuna, lee una revista.

Pero **hoy** pasa algo distinto. Ramona sale rápido de la cama. ¡Es que hoy va a salir a correr!

20

¡Arriba, Ramona!

¡**Pronto**, busca tu ropa y sal a correr!

Ramona corre **cerca** de su casa.

Le gusta correr… ¡y es muy rápida!

Luis Domínguez

Después de correr, está muy cansada.

¡Y se recuesta otra vez en la cama!

¡Arriba, Ramona!

Personaje, ambiente, trama

Un **personaje** es una persona o un animal de un cuento. El **ambiente** es el lugar y el momento en que ocurre un cuento. La **trama** de un cuento es lo que sucede al principio, durante el desarrollo y al final.

 Busca evidencias en el texto

Busca qué pasa al comienzo del cuento.

página 16

La ratona Ramona es muy remolona.

Por la mañana se aferra a la cama.

Luis Domínguez

Principio

Ramona se levanta
tarde todos los días.

Desarrollo

Ramona se levanta temprano
y sale a correr.

Final

Ramona está cansada y se
recuesta en la cama.

Tu turno

COLABORA

Comenta la trama de "¡Arriba,
Ramona!".

¡Conéctate! Usa el organizador gráfico interactivo.

De lectores...

Selección de palabras Rita escribió un poema. Usó detalles sensoriales para expresar lo que siente y escucha.

Poema de Rita

> ¿Qué hace Rosa en la mañana?
>
> Rosa rema río arriba.
>
> Siente el viento en los dedos
>
> y escucha el aguacero.

Tu turno

COLABORA

Comenta qué detalles sensoriales usó Rita en su poema.

Luis Domínguez

a escritores

El verbo Un verbo es una palabra que indica una acción, como **rema**.

Rosa **rema** río arriba.

Tu turno

- Marca otros verbos que usó Rita.
- Encierra en un círculo los signos de interrogación.
- Escribe un poema y marca los verbos.

Pregunta esencial

¿Cómo cambian las plantas
a medida que crecen?

¡Conéctate!

(bkgd) Masterfile; (inset) Jonathan Kitchen/Photographer's Choice RF/Getty Images

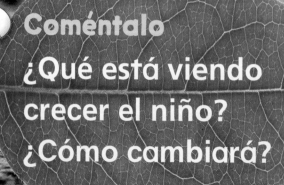

COLABORA

Coméntalo

¿Qué está viendo
crecer el niño?
¿Cómo cambiará?

Preparados, listos, ¡a crecer!

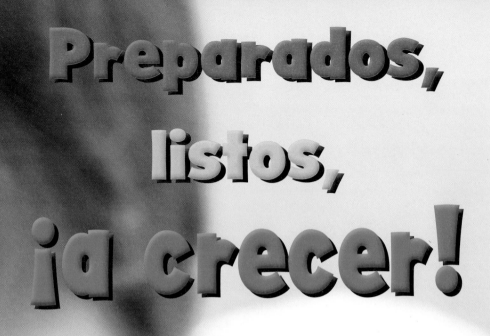

agua

El **agua** sale de la manguera.

aire

Las plantas necesitan **aire**, tierra, agua y sol.

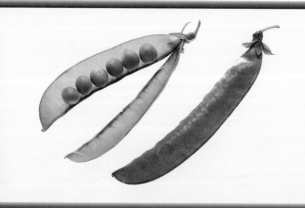

color

Las arvejas son de **color** verde.

familia

Cuidamos la huerta en **familia**.

flores

¡Mira el color de estas **flores**!

juntos

¡**Juntos** vamos a sembrar semillas!

Tu turno

COLABORA

Di la oración para cada palabra. Luego, haz otra oración.

¡Conéctate! *Usa el glosario digital ilustrado.*

Sonido r

La palabra **pera** tiene el sonido r. Con este sonido formamos las sílabas -ra, -re, -ri, -ro, -ru y sílabas que terminan en r, como la primera sílaba de la palabra **parte**.

Estas palabras tienen el sonido r.

madera	arena	marinero
aro	martes	persona
norte	venir	loro

Silvia Álvarez Catellar

Sara cava sin parar con su pala.

Hace sitio para sus verduras.

COLABORA

Tu turno

Busca estas palabras con el sonido r en "Familia de hortelanos".

Lara	tener	seremos
arar	para	poner
verde	mira	eres
maduras	verduras	hora

Pregunta esencial

¿Cómo cambian las plantas a medida que crecen?

Lee acerca de una familia que cultiva verduras.

¡Conéctate!

Dan Andreasen

Familia de hortelanos

Personajes

Lara

Ari

Abu

Papá

Mamá

Sra. Mara

Narrador

Lara: Mamá, papá, ¿podemos tener una huerta?

Papá: ¡Qué bonita idea, Lara!

Abu: Haremos una huerta todos **juntos**.

Ari: ¡Seremos una **familia** de hortelanos!

Mamá:	Hay que arar la tierra.
Ari:	¡Para poner semillas!
Abu:	Yo pondré algo verde.
Lara:	¡Y yo pondré el **agua**!

Dan Andreasen

Narrador: Pasan los días. Pasa el sol. Pasa la lluvia.

Lara: Mira, papá. ¡Qué **flores** hermosas!

Papá: Sí, a ellas les gusta el sol, la tierra, el **aire** y el agua.

Narrador: Pasan los días. Pasa el sol. Pasa la lluvia.

Lara: ¿Están maduras las verduras?

Papá: Sí. Es hora de cosechar.

Mamá: ¡Dile a Ari, Lara!

Ari: ¡Eres un hortelano
muy hábil, Abu!

Abu: No soy yo. Son el sol,
la tierra, el agua y el aire.

Narrador: La familia se pone a cosechar.

Ari: ¡Hay un montón!

Abu: No podemos comer tantas verduras…

Lara: ¡Tengo una idea!

Ari: Son para usted,
            Sra. Mara.

Sra. Mara: ¡Muchas gracias! ¡Qué
            color más hermoso!

Lara: ¡Son así gracias al sol,
            a la tierra, al agua y al
            aire!

Orden de los sucesos

Los sucesos de un cuento o de una obra de teatro se presentan en un orden de tiempo. Los sucesos forman la trama.

🔍 Busca evidencias en el texto

Busca el primer suceso de "Familia de hortelanos".

página 37

Lara:	Mamá, papá, ¿podemos tener una huerta?
Papá:	¡Qué bonita idea, Lara!
Abu:	Haremos una huerta todos **juntos**.

Dan Andreasen

44

Primero

La familia hace una huerta.

Después

Las verduras crecen y maduran.

Luego

La familia cosecha las verduras.

Al final

La familia comparte sus verduras.

Tu turno

Comenta la trama de "Familia de hortelanos".

¡Conéctate! **Usa el organizador gráfico interactivo.**

De lectores...

Selección de palabras Marta escribió su opinión sobre una obra de teatro. Eligió las palabras adecuadas.

Opinión de Marta

La obra me gusta. ¡Es divertida!

Una familia hace una huerta.

Cosechan muchas verduras.

¿Es difícil ser hortelano?

 COLABORA

Tu turno

Comenta qué palabras expresan la opinión de Marta.

a escritores

Verbos en presente Los verbos en presente expresan acciones que ocurren ahora o que ocurren a menudo.

¡**Es** divertida!

Tu turno

COLABORA

- Subraya otros verbos en presente en la opinión de Marta.
- Encierra en un círculo los signos de interrogación.
- Escribe otra oración que tenga verbos en presente.

Dan Andreasen

¿? Pregunta esencial

¿Qué es un cuento folclórico?

¡Conéctate!

La hora de los cuentos

Coméntalo

¿Qué están representando los niños?

allá

Pon este cuento **allá** con los otros.

cantar

Me gusta mucho **cantar**.

decidieron

Ellos **decidieron** leer un cuento.

estoy

Estoy con mi papá.

juguemos

Juguemos a las princesas.

mientras

Saludan **mientras** el público aplaude.

COLABORA

Tu turno

Di la oración para cada palabra.
Luego, haz otra oración.

¡Conéctate! Usa el glosario digital ilustrado.

Sonido j de las letras *g* y *j*

La palabra **jirafa** comienza con el sonido j y la letra *j*. Con esta letra y este sonido podemos formar las sílabas ja, je, ji, jo, ju.

La palabra **girasol** comienza con el sonido j y la letra *g*. Con esta letra y este sonido podemos formar las sílabas ge, gi.

Estas palabras tienen el sonido j y las letras *j* o *g*.

jarra	**giro**	**rojo**
jinete	**vegetal**	**jefe**
junio	**página**	**bajo**

Anna Vojtech

Caperucita Roja junta girasoles en su jardín.

Los pone en un jarrón y se los da a su abuela.

Tu turno

COLABORA

Busca estas palabras con el sonido j y la letra *g* o *j* en "Las tres abejas y el girasol".

abejas	**girasoles**	**jugar**
dijo	**giremos**	**dijeron**
girar	**mejor**	**generoso**

Adrián Santiago

¿? Pregunta esencial

¿Qué es un cuento folclórico?

Lee un cuento en el que los girasoles y las abejas se hacen amigos.

¡Conéctate!

Adrián Santiago

Las tres abejas y el girasol

Marisa Cattani

Había una vez tres abejas que bajaron de su panal. Encontraron unos girasoles tan lindos que se quedaron a jugar con ellos.

—¡**Juguemos** a que somos girasoles! —dijo Abeja Uno.

—Sí, giremos como los girasoles —dijeron Abeja Dos y Abeja Tres.

Las abejas jugaban a girar y **cantar** sin parar en cada girasol.

—¡Miren donde **estoy**! —dijo una.

—¡Vamos! —dijeron las otras dos.

Mientras giraban, el sol se movía por el cielo. Y los girasoles giraban para mirarlo. Cuando las abejas intentaron volver al panal, notaron que estaban perdidas.

—Cuando vinimos, los girasoles miraban al panal —dijo Abeja Uno.

—Vinimos en la mañana —dijo Abeja Dos.

—Entonces es para **allá** —dijo Abeja Tres.

—No, para allá —dijo Abeja Uno.

Un girasol dijo: —¿Están perdidas?

—Sí. ¿Para dónde mirabas en la mañana?

—Miraba al sol —dijo el girasol.

—¿Y dónde estaba el sol? —dijo la abeja.

—No lo sé. Solo miramos el sol y después dormimos —dijo el girasol.

—¡Entonces no podemos volver al panal!
—dijeron las abejas.

—Tienen una forma de volver —dijo el
girasol—. Esperen hasta la mañana. A esa
hora siempre miramos al mismo lado.

—¡Tiritamos de frío! —dijo Abeja Uno.

—Si se tapan con mis pétalos se sentirán mejor —dijo el girasol.

—¡Eres muy generoso! —dijeron las abejas.

Adrián Santiago

A la mañana siguiente, las abejitas volvieron al panal. Desde entonces, **decidieron** visitar todos los días a su amigo girasol.

Causa y efecto

Una **causa** es lo que hace que algo pase.

Un **efecto** es lo que pasa.

Para saber cuál es la causa y cuál es el efecto, puedes hacer estas preguntas: ¿Qué pasó? ¿Por qué pasó?

 Busca evidencias en el texto

Busca causas y efectos en el cuento.

página 58

Mientras giraban, el sol se movía por el cielo. Y los girasoles giraban para mirarlo. Cuando las abejas intentaron volver al panal, notaron que estaban perdidas.

Causa		Efecto
	→	
Los girasoles eran lindos.	→	Las abejas se quedaron a jugar.
El sol se movía por el cielo.	→	Los girasoles giraban para mirar el sol.
Las abejas giraron.	→	Las abejas se perdieron.

Tu turno

COLABORA

Comenta causas y efectos de "Las tres abejas y el girasol".

¡Conéctate! Usa el organizador gráfico interactivo.

 De lectores...

Selección de palabras Juli escribió un poema y usó verbos expresivos.

Poema de Juli

Había una vez un pato

que vivía en un zapato.

Suspiró y salió a explorar.

¡Al final se quedó en el mar!

COLABORA

Tu turno

- Di qué verbos expresivos usó Juli.
- ¿Qué verbos expresivos usarías tú?

a escritores

Verbos en pretérito Los verbos en pretérito indican acciones que ocurrieron en el pasado, como **suspiró**.

Suspiró y *salió* a explorar.

Tu turno

COLABORA

- Subraya otros verbos en pretérito en el poema de Juli.
- Marca los signos de exclamación.
- Escribe un poema con verbos en pretérito.

Adrián Domínguez

Pregunta esencial

¿Cómo era la vida antes y cómo es ahora?

¡Conéctate!

Fox Photos/Hulton Archive/Getty Images

Érase una vez

Coméntalo

¿A qué juegan estas niñas? ¿En qué se parecen a ti? ¿En qué se diferencian?

69

nadie

Nadie vive en esta casa.

niño

Este **niño** anda en patineta.

nombre

¿Sabes el **nombre** de este transporte?

pequeño

La niña usa un casco **pequeño**.

siglo

Esta escuela se hizo hace un **siglo**.

vieja

¡Qué bonita es esta foto **vieja**!

COLABORA

Tu turno

Di la oración para cada palabra. Luego, haz otra oración.

¡Conéctate! *Usa el glosario digital ilustrado.*

(tl) IS2 from Image Source/Alamy; (cl) Jupiterimages/Comstock Images/Getty Images; (bl) Design Pics/Carson Ganci; (tr) Don Mason/Blend Images LLC; (cr) VisionsofAmerica/Joe Sohm/ Photodisc/Getty Images; (br) Constance Bannister Corp/ Archive Photos/Getty Images

Sonido k

La palabra **casa** comienza con el sonido k y la letra c.

Con este sonido podemos formar las sílabas ca, co, cu, ka, ke, ki, ko, ku, que, qui.

Estas palabras tienen el sonido k.

colina	carro	máquina
kilo	queso	conejo
cadena	koala	arco

Antes, Quique iba al parque con su mamá.

Ahora va con su hija Karina.

Tu turno

Busca estas palabras con el sonido k en "La vida en casa".

comida	cada	qué
kilos	cultivar	quedaban
queremos	casi	mercado

Pregunta esencial

¿Cómo era la vida antes y cómo es ahora?

Lee acerca de cómo era la vida antes y cómo es ahora.

¡Conéctate!

La vida en casa

¡La vida de ahora es muy distinta a la de antes!

Antes, la familia usaba la misma habitación para vivir, hacer la comida y dormir.

Ahora se hace cada cosa en una habitación distinta.

Antes, las casas tenían una sola habitación. Ahí comía y dormía toda la familia.

Ahora hay casas enormes. En cada habitación se hace una cosa distinta. ¡Y cada habitación tiene un **nombre**!

¿Qué se usaba antes para cocinar? ¿Cómo se horneaba el pan?

En la casa había un hogar con un tirante de metal. Del tirante pendía una olla enorme. Esa olla se usaba para hacer la comida. ¡Kilos y kilos de comida!

Al lado del hogar había un horno para el pan.

Ahora tenemos estufas a gas o eléctricas.

Ahora usamos una estufa para hacer la comida. La olla se pone sobre la estufa. ¡Pero no es tan grande como esa **vieja** olla!

Antes, si eras un **niño**, tenías que ayudar en casa. Hasta el más **pequeño** iba con el papá a cultivar. Las mujeres se quedaban con la mamá. Tenían tareas en la casa. ¡La mamá tejía toda la ropa de lana!

La lana se hilaba en la casa.

Ahora compramos la ropa y la comida que queremos.

En este **siglo**, casi **nadie** hace la ropa en su casa. Tampoco cultivamos alimentos en casa. ¡Vamos a buscarlos al mercado!

Pero siempre podemos ayudar…

Antes, el agua se sacaba de un pozo. Se colocaba en una tina y ahí se lavaba todo.

En el pasado se usaba una tina de madera para lavar.

Ahora lavamos las cosas en el fregadero. ¡También hay máquinas que lavan la ropa!

Ahora lavamos todo en el fregadero después de comer.

Comparar y contrastar

Al **comparar** pensamos en qué se parecen las cosas. Al **contrastar** pensamos en qué se diferencian.

🔍 Busca evidencias en el texto

Busca semejanzas y diferencias entre las casas de ahora y las de antes.

página 77

Antes, las casas tenían una sola habitación. Ahí comía y dormía toda la familia.

Ahora hay casas enormes. En cada habitación se hace una cosa distinta.

Antes

Antes y ahora

Ahora

Las casas tenían una sola habitación.

La gente vive en casas.

Las casas tienen distintas habitaciones.

Tu turno

Comenta las semejanzas y diferencias en la vida de antes y de ahora que se mencionan en "La vida en casa".

¡Conéctate! *Usa el organizador gráfico interactivo.*

 De lectores...

Ideas Kati escribió su opinión sobre cómo es la vida ahora y la respaldó.

Opinión de Kati

Las computadoras son muy útiles. Sirven para muchas cosas. ¡Mañana compraremos una! La usaré para la tarea.

Tu turno

 COLABORA

- Comenta la opinión de Kati y explica cómo la respalda.
- Da tu opinión acerca de cómo es la vida ahora y respáldala.

a escritores

Verbos en futuro

Los **verbos en futuro** cuentan sucesos que van a ocurrir.

La **usaré** para
la tarea.

Tu turno

- Subraya otro verbo en futuro en la opinión de Kati.
- Marca los signos de exclamación.
- Escribe oraciones con verbos en futuro. Encierra los verbos en un círculo.

Valeria Cis

Pregunta esencial

¿Cómo llega el alimento hasta nosotros?

¡Conéctate!

El viaje del alimento

COLABORA

Coméntalo

¿Por dónde pasan los alimentos antes de llegar a tu mesa?

dentro

La fruta está **dentro** de cajas.

encima

Encima de la mesa está el pan.

ocho

Cada niño come **ocho** tortitas.

suelo

Los cajones están en el **suelo**.

tierra

Las uvas crecen en **tierra** fértil.

trabajo

Con una máquina el **trabajo** es fácil.

COLABORA

Tu turno

Di la oración para cada palabra.
Luego, haz otra oración.

¡Conéctate! Usa el glosario digital ilustrado.

Sonidos y y ñ

La palabra **yema** comienza con la letra y. Tiene el sonido y. La palabra **moño** tiene el sonido ñ.

Con el sonido y formamos las sílabas ya, ye, yi, yo, yu. Con el sonido ñ formamos las sílabas ña, ñe, ñi, ño, ñu.

Estas palabras tienen el sonido y o ñ.

niño	**yeso**	**ayuda**
caña	**araña**	**uña**
hoyo	**rayo**	**leño**

Silvia Álvarez Castellar

Cada mañana, Yaya desayuna uvas y yogur.

Después se baña y se pone un moño en el pelo.

Tu turno

COLABORA

Busca estas palabras con los sonidos ñ o y en "¿De dónde viene el desayuno?".

desayuno   **viña**   **año**

ya   **mañana**   **ayer**

Pregunta esencial

¿Cómo llega el alimento hasta nosotros?

Lee sobre el recorrido de los alimentos que comemos en el desayuno.

¡Conéctate!

¿De dónde viene el desayuno?

El pan es bueno para el desayuno. ¡Pero esto aún no es pan! Es trigo que sale del **suelo** fértil.

Para hacer harina hay que moler el trigo.

Primero, se hace la masa.
Después, se amasa el pan
y se coloca en el horno.
¡Pronto estará listo!
Por último, el pan se
vende en la panadería.

No hay nada como la jalea de uva para untar **encima** del pan. ¡Pero esto aún no es jalea! Son uvas que maduran al sol.

Las uvas se cosechan cuando están maduras.

Las uvas van en camión hasta la fábrica de jalea.

Aquí se muelen las uvas para hacer puré. Después, el puré se cocina hasta que se hace la jalea.

¡Y queda muy rico!

El sol y la **tierra** fértil dan naranjas muy ricas. ¡Las de este año son enormes! Hoy recogemos las que ya están maduras. Mañana las mandamos a otro lado. ¿Adónde?

Ayer las naranjas estaban en el árbol…
y hoy están en la fábrica de jugo.
Él trabaja **ocho** horas por día. Pone
las naranjas **dentro** de una máquina.
Cuando las saca… ¡tiene mucho jugo!

Los alimentos van en camión de la fábrica al mercado. Desde el mercado los llevamos a casa. ¡Ya tenemos todo! ¡A desayunar!

Nuestro desayuno da mucho **trabajo**.

Alimento	De dónde viene	Cómo se hace
pan	trigo	Para hacer harina hay que moler el trigo. Se hace la masa. Se hornea el pan.
jalea de uva	uvas	Las uvas se muelen para hacer puré. El puré se cocina para hacer jalea.
jugo de naranja	naranjas	Las naranjas se aplastan para sacar el jugo.

Orden de los sucesos

A menudo los autores dan información que sigue un orden en el tiempo. Palabras como **primero**, **luego**, **después** y **al final** nos ayudan a comprender el **orden de los sucesos**.

🔍 Busca evidencias en el texto

Busca cuál es el primer paso para hacer pan.

página 97

Primero, se hace la masa. Después, se amasa el pan y se coloca en el horno. ¡Pronto estará listo! Por último, el pan se vende en la panadería.

Primero

Se hace la masa.

Después

El pan se amasa.

Luego

El pan se hornea.

Al final

El pan se vende.

COLABORA

Tu turno

Comenta qué pasa con otros alimentos de "¿De dónde viene el desayuno?". Cuenta los pasos en orden.

¡Conéctate! *Usa el organizador gráfico interactivo.*

De lectores...

Ideas Yani escribió su opinión acerca de la comida y la respaldó.

Opinión de Yani

La comida es un tema divertido.

Saber de dónde viene nos ayuda

a saber qué comemos. La Sra.

Yeni me enseñó que las uvas

se usan para hacer jalea.

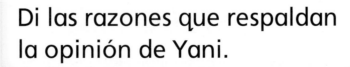

Tu turno

Di las razones que respaldan la opinión de Yani.

a escritores

Concordancia entre sustantivo y verbo Si un sustantivo es singular, el verbo que lo acompaña debe ser singular. Si un sustantivo es plural, el verbo debe ser plural. Esta relación se llama **concordancia**.

La **comida es** un tema divertido.

Tu turno

COLABORA

- Subraya otra relación de concordancia.

- Haz un círculo a la mayúscula y el punto en la abreviatura.

- Escribe otra oración. Los verbos deben concordar con los sustantivos.

Holli Conger